Susann Schultz

Planung und Realisierung eines unternehmensweiten Intranets mithilfe eines geeigneten Content-Management-Systems

mit besonderem Schwerpunkt auf die für die KTQ-Zertifizierung notwendige TQM Dokumentation

GRIN Verlag

Bibliografische Information der Deutschen Nationalbibliothek:

Die Deutsche Bibliothek verzeichnet diese Publikation in der Deutschen National-
bibliografie; detaillierte bibliografische Daten sind im Internet über http://dnb.d-
nb.de/ abrufbar.

Impressum:

Copyright © 2006 GRIN Verlag GmbH
Druck und Bindung: Books on Demand GmbH, Norderstedt Germany
ISBN: 978-3-656-59400-0

Dieses Buch bei GRIN:

http://www.grin.com/de/e-book/268393/planung-und-realisierung-eines-unterneh-
mensweiten-intranets-mithilfe-eines

Praktikumsbericht

Thema: Planung und Realisierung eines unternehmensweiten Intranets mithilfe eines geeigneten Content-Management-System (CMS) mit besonderem Schwerpunkt auf die für die KTQ-Zertifizierung notwendige TQM Dokumentation

von: Susann Schultz

Studiengang: Informatik (Medizinische Informatik)

Praktikumsstelle: Heinrich-Braun-Krankenhaus Zwickau,
Städtisches Klinikum

Inhaltsverzeichnis

Abbildungsverzeichnis

Abkürzungsverzeichnis

bzw.	beziehungsweise
CMS	Content-Management-System
CSS	Cascading Style Sheet
DB	Datenbank
d.h.	das heißt
GPL	General Public License
HBK	Heinrich-Braun-Krankenhaus
HTML	Hypertext Markup Language
KTQ	Kooperation für Transparenz und Qualität im Gesundheitswesen
OA	Oberarzt
OSI	Open Source Initiative
PDF	Portable Document Format
PHP	Hypertext Preprocessor (vormals Personal Home Page Tools)
SSH	Secure Shell
QMH	Qualitätsmanagementhandbuch
TQM	Total Quality Management
WYSIWYG	"What you see is what you get"
z.B.	zum Beispiel

Einleitung

Das Intranet des HBK liegt bislang in Form von mehreren hundert einzelnen, durch symbolische Links verbundene (Word-) Dokumente vor, welche in einem Verzeichnisbaum im Windows-Explorer abgelegt sind. Die Pflege der Seiten des Qualitätsmanagement-Handbuches ist sehr aufwändig, denn die Mitarbeiter finden nur relativ mühsam den Weg zu einem Dokument: der Suchende muss vorab in bestimmten Dateien nachschauen, welche jeweils nach diversen Stichworten oder Nummern, die sich auf ein QMH-Dokument beziehen, geordnet sind und gelangt erst dort über einen entsprechenden Link zum eigentlichen Dokument.

Nicht nur die Suche und ebenso das Erstellen eines neuen Eintrags gestaltet sich als sehr unflexibel, das gesamte System in sich wirkt äußerst unübersichtlich, in dem auch die so genannten „toten Links" keine Seltenheit sind.

Langfristig sollte also eine andere Lösung angestrebt werden: mit Hilfe eines *Content-Management-Systems* (CMS) kann man die Erstellung und Verwaltung der Dokumente für die Mitarbeiter wesentlich vereinfachen.

Die folgenden Seiten befassen sich mit Content-Management-Systemen und den Anforderungen, die an ein Content-Management-System im Rahmen des HBK gestellt werden.

Später wird konkret auf das CMS TYPO3 und das Wiki Mediawiki, mit welchen das Intranet realisiert wurde, eingegangen. Beide Systeme werden in Grundzügen vorgestellt, wobei sich anschließend auf die Beschreibung der Umsetzung des Qualitätsmanagement-Handbuchs mithilfe des Wikis beschränkt wird.

1. Content-Management-Systeme im Allgemeinen

Content-Management-Systeme dienen dazu, den Inhalt einer Website oder auch von anderen Informationsangeboten bequem verwalten zu können.

Der Begriff *Content-Management-System* setzt sich folgendermaßen zusammen:

Content ist Information die eine Repräsentationsform hat, welche die Wahrnehmung durch einen Rezipienten (Leser, Hörer, Betrachter) ermöglicht. Wichtig ist in diesem Zusammenhang noch der Begriff der *Assets*. Dies sind die einzelnen Elemente, aus denen Content später besteht. Dabei handelt es sich in der Regel um einfachen Text, aber auch um Bilder, Video oder andere Medienformate.

Content-Management ist die Verwaltung von elektronischen Inhalten in einem Unternehmen. Dies beinhaltet die Erstellung und Änderung, Verwaltung, Bereitstellung, Kontrolle und Archivierung von Inhalten.

Unter **Content-Management-System** versteht man ein System, welches bei den Aufgaben des Content-Management unterstützend wirken soll. Dies betrifft alles, was mit der Verwaltung von Inhalten in Bezug auf den Content-Lebenszyklus zusammenhängt. Häufig wird mit dem Begriff Content-Management-System auch ein so genanntes Web-Content-Management-System (WCMS) gemeint. Dieses System erfüllt die gleichen Aufgaben wie ein gewöhnliches CMS, ist jedoch auf die Zielplattformen Internet, Extranet und Intranet zugeschnitten.

Die Präsentation (und oftmals auch Erstellung/Änderung) erfolgt bei WCMS über den Browser.

1.1. Der Content-Lebenszyklus

Informationen durchlaufen nach dem theoretischen Ansatz des Content-Lebenszyklus fünf Phasen. Diese Abschnitte bestehen aus Erstellung, Kontrolle, Freigabe, Publikation und Archivierung.

Inhalte erstellen

In der ersten Phase des Content-Lifecycles werden von den einzelnen Redakteuren verschiedene Assets erstellt, aus denen der Content der späteren Seite bestehen soll. Dieser Content kann auf zwei Arten generiert werden. Zum Einen wird er redaktionell von einem Autor erstellt, und zum Anderen aus schon vorhandenen

Dokumenten, zum Beispiel aus den eigenen Archiven zusammengestellt.

Kontrollieren und freigeben

In dieser Phase geht es um die Kontrolle der in der ersten Phase erstellten Assets auf inhaltliche und gestalterische Korrektheit. Die Prüfung geschieht entweder direkt durch den Ersteller oder in der Regel durch einen hierarchisch aufgebauten Freigabeworkflow. Hierbei müssen die Assets durch einen oder mehrere autorisierte Personen kontrolliert werden. Sind die Inhalte korrekt, so werden sie freigegeben und zum Publizieren weitergereicht. Andernfalls müssen sie von den Redakteuren nochmals überarbeitet werden.

Publizieren

Hier werden die in der vorherigen Phase freigegebenen Inhalte in das entsprechende Format, welches abhängig von der Publikationsform ist, gebracht und der Öffentlichkeit zugänglich gemacht.

Archivieren

Informationen, welche nicht mehr aktuell sind, müssen auf irgendeine Art und Weise archiviert werden, da beim einfachen Löschen diese Informationen für immer verloren gehen und nicht mehr für Recherchezwecke zur Verfügung stehen würden. Man unterscheidet hierbei zwischen öffentlicher Archivierung, bei der die Daten weiterhin für jedermann zur Verfügung stehen und interner Archivierung.

1.2. Was zeichnet ein Content-Management-System aus?

In diesem Kapitel werden einige wesentliche Merkmale von CMS erläutert.

Trennung von Inhalt und Design

Große Vorteile in Bezug auf den Lebenszyklus einer Webseite bringt die Teilung in die zwei Grundbestandteile mit sich. Zuerst wird das Design erstellt, erweitert oder relauncht, ohne dass anschließend der Inhalt extrahiert und erneut eingefügt werden müsste. Diese Trennung wird mit Hilfe eines *Template-Systems* realisiert. Ein Template enthält in der Regel den HTML-Code, der allgemein das Layout einer Webseite beschreibt (z.B. bei einfachen CMS anklickbare Überschriften, Nachrichten usw.)

Eine Seite, die ein Benutzer auf seinem Web-Browser betrachtet, wird intern in einer Objekthierarchie gespeichert, deren Bestandteile wiederverwendbar sind. Das kann so aussehen wie in Abbildung 1 auf der nächsten Seite.

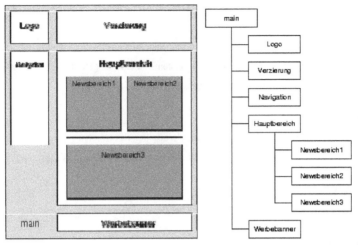

Abbildung 1 Ein geschachteltes Template-Konstrukt und dazugehörige Objekt-Hierarchie

Im Beispiel sieht man, wie das main-Template in einer Ebene verschiedene Untertemplates aufruft. Das Hauptbereich-Template enthält nochmals drei Untertemplates, die verschiedene Newskategorien aufnehmen können. Der Redakteur kann hier die einzelnen Nachrichten bearbeiten und muss sich um den aufwändigen HTML-Rahmen nicht kümmern.

Zugriffsbeschränkung

Benutzern können Rollen und Berechtigungen zugewiesen werden, wodurch die unautorisierte Veränderung von Inhalten effektiv verhindert wird.

Häufige Beispiele für die Rollen sind:

- Anonymer Benutzer: Besucher einer Webseite (ohne Authentifizierung)
- Redakteur: Berechtigt Artikel zu schreiben
- Chefredakteur: Berechtigt Artikel zu schreiben und freizugeben
- Administrator: Vollzugriff auch auf Benutzerverwaltung

Einfache Content-Produktion

Mit Hilfe einer grafischen Benutzeroberfläche ist es Redakteuren möglich, ohne Programmierkenntnisse zu besitzen, Texte zu schreiben, Bilder und Multimedia-Daten einzufügen.

Workflow

Content-Management-Systeme basieren auf den einzelnen Stufen des Content-Lebenszyklus. Für den sinnvollen Einsatz eines Workflow-Systems ist eine ausgefeilte Benutzerverwaltung mit Berechtigungen und Rollen notwendig.

Standortunabhängigkeit

Die Pflege der Seiten, also das Erstellen oder Bearbeiten des Contents, muss nicht von einem bestimmten Rechner oder Ort aus geschehen. Meist genügt hierfür ein Webbrowser.

Automatische Navigations-Generierung

Die Navigation wird zum Beispiel auf Basis der Seitenstruktur automatisch erstellt.

Modulare Erweiterungen

Um den Funktionsumfang eines CMS zu vergrößern, bieten diese meist einen Modulmanager, mit dem es möglich ist z.B. Foren, Umfragen, Shops, Applikationen, Suchfunktionen und News-Management einfach in das laufende System zu implementieren.

Just in time

Die Publikation von Content ist zeitgenau steuerbar. Inhalte können im Hintergrund vorbereitet werden und zu einem vorgegebenen Zeitpunkt automatisch frei geschaltet werden.

Die Intention zur einfachen und schnellen Pflege und Verwaltung von Inhalten auf einer Webseite lässt sich auch auf die Verwaltung eines Intranets übertragen. Die meisten Inhalte können mit den gleichen Techniken für den innerbetrieblichen Informationsfluss genutzt werden. Im Idealfall werden sämtliche Daten über ein CMS verwaltet und es entsteht ein leicht aktuell zu haltendes Netzwerk von Informationen und Dokumenten. Dabei werden die Daten und Dokumente strukturiert abgelegt und können so später einfacher gefunden werden.

2. Rahmenbedingungen im HBK

2.1. Inhaltliche Rahmenbedingungen

- Seitenumfang: im Qualitätsmanagement-Handbuch (oder auch TQM-Handbuch) des HBK gibt es ca. 500 (Word-) Dokumente. Diese Qualitätssicherungsmaßnahmen werden durch ein einheitliches Titelblatt (siehe Anlage A) erfasst, geordnet, archiviert und allen Mitarbeitern des HBK zur Verfügung gestellt und umfassen im Wesentlichen Arbeitsabläufe, Dienstanweisungen, Materialienübersichten, Richtlinien, geprüfte Qualität, ...

- Verschiedene Personen (bzw. Bereiche) sind für die Bearbeitung der Dokumente zuständig. In Kapitel 2.2. werden die Personengruppen sowie der bisherige Bearbeitungsweg genauer betrachtet.

- Programmier- und/oder HTML-Kenntnisse der HBK-Mitarbeiter sind verschieden ausgeprägt. Die meisten redaktionellen Mitarbeiter verfügen über wenig bis kein technisches Hintergrundwissen.

- „Im Krankenhaus muss alles schnell gehen." Vor allem medizinisches Personal wird nicht die Zeit haben, sich erst lange in den Umgang mit einem Content-Management-System einzuarbeiten. Eine Möglichkeit zur intuitiven und schnellen Bearbeitung der Inhalte ist daher ein Muss-Kriterium.

- Schreibrechte sollen nur an berechtigte Personen verteilt werden. Das erfordert eine genaue Benutzerauthentifizierung und ein Berechtigungs-System.

- HBK-weites Layout für Corporate Identity, d.h. einheitliches Erscheinungsbild (z.B. HBK-Logo, Farben). Die Verwendung von Templates ist also obligatorisch für alle Webseiten, damit das Design vom Inhalt weitestgehend unabhängig ist.

2.2. Personengruppen und bisheriger Bearbeitungsweg der Dokumente

Ziel des QMH ist: Jeder Mitarbeiter des Klinikums kann sich über die in den einzelnen Bereichen angewendeten Qualitätssicherungsmaßnahmen informieren. Erfahrungen und Ideen können nachgenutzt werden; dadurch Zeiteinsparung und Verbesserung der interdisziplinären Zusammenarbeit.

Es gibt mehrere Personen, die mit den Inhalten des Qualitätsmanagement-Handbuchs zu tun haben:

1. **Ersteller**: Das HBK hat ca. 1300 Mitarbeiter, davon 450 mit E-Mail. Alle Nutzer können TQM-Berichte erstellen und diese bearbeiten.

2. **Kontrolleure** (zuständige Bereichskontrolleure): kontrollieren Berichte der Ersteller auf inhaltliche Richtigkeit

3. **Freigeber:** ist für die Veröffentlichung der kontrollierten TQM-Berichte zuständig

Die bisherige Struktur des TQM-Handbuchs gestaltet sich im Laufwerk G nach folgendem Aufbau:

```
Explorer –{G}
-   TQM AG
        - AA Qualitätsmanagementhandbuch HBK
            - AA Aufbau QMHandbuch HBK Zwickau
                - AA Einführung
                - AAVerzeichnis alphabetisch Hauptstichwörter
                - AAVerzeichnis alphabetisch Stichwörter
                - AAVerzeichnis nach Dokument Nr. QMH
        - AA Dienstanweisungen Verzeichnis
        - AA Dienstvereinbarungen Verzeichnis
        - AA Erreichbarkeit HBK Zwickau
        - AA Fallpauschalen – Sonderentgelte Qualitätssicherung
        - AA Fortbildungen und Veranstaltungen im HBK
        - AA Krankenhausinformationen Verzeichnis
        - AA Struktur HBK Zwickau
        - APO Apotheke
                - Im HBK erstellt
                - Nicht im HBK erstellt
        - AUGE Klinik für Augenheilkunde
                - Im HBK erstellt
                - Nicht im HBK erstellt
```

Die bisherige Vorgehensweise der Erstellung eines neuen Eintrags läuft folgendermaßen ab:

1. Qualitätssicherungsmaßnahmen erstellen

2. Titelblatt aus Intranet herunterladen

3. Titelblatt vom Ersteller ausfüllen (Titel, Hauptstichwort vorschlagen, Anzahl der Blätter (Titelblatt wird nicht mit gezählt!), maximal 5 Stichwörter vorschlagen, unter Standort als 1. Bereich, dann Intranetadresse angeben, Gliederungspunkte, Inhaltsverzeichnis und wenn möglich Stand pro Gliederungspunkt aufführen, Felder Erstellt und Freigegeben ausfüllen

4. So ausgefülltes Titelblatt per Intranet (Email) an OA Taubner schicken. (verantwortlich: Ersteller)

7

5. Nach Ausfüllen aller Felder Rücksendung an Ersteller
   (verantwortlich OA Taubner)

6. Titelblatt wird vom Ersteller ausgedruckt und vom Ersteller und vom Freigeber unterschrieben.

   Unterschriebenes Titelblatt per Post an OA Taubner. Erst dann wird Titelblatt in das Intranet eingegeben.

   (verantwortlich OA Taubner)

   Unterschriebenes Titelblatt wird dann im QMH – Standort Bibliothek – aufbewahrt.

   Auch in der Bibliothek Möglichkeit der Einsichtnahme.

- Möglichkeiten der Suche einer Qualitätssicherungsmaßnahme:

- in einem Bereich
- nach Hauptstichwort
- nach Stichwort(en)
- nach Dokumentennummer

Der Markt an CMS-Lösungen wird immer größer. Die Liste reicht vom kostenlosen „3-Klick-Homepage-System" für den Privatgebrauch bis hin zu kommerziellen Content-Management-Systemen, die den Anspruch haben, sämtliche Funktionen zu bedienen und jenseits der 10.000 Euro-Marke liegen. Das Spektrum an CMS-Lösungen ist somit genauso breit gefächert wie deren Funktionsumfang. Manche kostenfreie Open Source Produkte bieten dabei mehr Funktionsmöglichkeiten als kostenpflichtige CMS-Lösungen.

Da öffentliche Versorgungseinrichtungen wie das HBK generell über begrenzte finanzielle Mittel verfügen, ist die Verwendung von Open Source Software (im Rahmen des Praktikums) unabdingbar.

Aus diesem Grund soll im Folgenden auf diesen Begriff etwas näher eingegangen werden.

3. Open Source Software

Der englische Ausdruck Open Source steht einerseits für „quelloffen" – in dem Sinne, dass der Quelltext eines Programms frei erhältlich ist. Andererseits für „offene Quelle" – in dem Sinne, dass ein Werk frei zur Verfügung steht. Die Zielsetzung von Open Source ist es, nicht nur die ausführbaren Teile einer Software weiterzugeben, sondern auch jedem Einblick in den Quelltext zu ermöglichen. Laut der Open Source Initiative (OSI) gibt es drei grundlegende Merkmale, die von einer Open Source Software erfüllt werden müssen:

1. Der Programmcode liegt in einer für den Menschen lesbaren und verständlichen Form vor.

2. Die Software darf beliebig kopiert, verbreitet und genutzt werden.

3. Die Software darf verändert und in der veränderten Form weitergegeben werden.

In der eigentlichen Bedeutung unterscheidet sich die Open Source Definition nicht von „freier Software". Allerdings können beide Begriffe unterschiedliche Assoziationen auslösen, die ursprünglich so nicht geplant waren. Auch wenn die Software frei erhältlich ist und für beliebige eigene Vorhaben angepasst werden kann, so ist Open Source Software nicht zwangsweise als kostenlos anzusehen. Ebenso ist kostenlose Software auch nicht automatisch Open Source. Eine Tatsache, die leider immer noch von vielen Personen falsch interpretiert wird und zu Aussagen wie „Was nichts kostet, taugt auch nichts" führt. Dem ist aber ganz und gar nicht so.

Eines der prominentesten Beispiele für Open Source ist der Apache Webserver, welcher auch im Praktikum verwendet wurde. Er besitzt einen Marktanteil von fast 70% und von dem würde wohl keiner behaupten, dass er nicht sicher, stabil und ressourcenschonend sei. Der Begriff „freie Software" ist allerdings problematisch, da er häufig in Verbindung mit den Lizenzen der Free Software Foundation gebracht wird. Diese Lizenzen sind zwar auch nach Auffassung der OSI frei; sie fordern allerdings, dass abgeleitete Werke die gleichen Freiheiten gewähren. Eine dieser Lizenzen, die bei dieser Arbeit benutzt wurde, ist die GNU General Public License (GPL), eine von der Free Software Foundation herausgegebene Lizenz für die Lizenzierung freier Software.

Die GPL gewährt jedermann:

1. ein Programm für jeden Zweck zu nutzen (und nicht durch Lizenzen eingeschränkt zu sein)

2. Kopien des Programms kostenlos zu verteilen (wobei der Quellcode mit verteilt oder dem Empfänger des Programms auf Anfrage zur Verfügung gestellt werden muss)

3. die Arbeitsweise eines Programms zu studieren und es den eigenen Bedürfnissen entsprechend zu ändern (die Verfügbarkeit des Quellcodes ist Voraussetzung dafür)

4. auch nach 3. veränderten Versionen des Programms unter den Regeln von 2. vertreiben zu dürfen (wobei der Quellcode wiederum mit verteilt oder dem Empfänger des Programms auf Anfrage zur Verfügung gestellt werden muss).

Eines der bekanntesten Produkte das unter die GPL steht, ist der Linux Betriebssystemkern. Software die demnach diesen Kern benutzt, muss auch wieder unter der GPL stehen. Zu beachten ist auch folgender Sachverhalt:

Wenn sich ein Softwarehersteller aus der Entwicklung GPL-lizenzierter Software zurückzieht, bleibt deren entwickelte und unter der GPL verbreitete Software für die Benutzer weiterhin verfügbar.

3.1. Open Source Software im Praktikum

Folgende Softwarekomponenten und Entwicklungswerkzeuge wurden eingesetzt:

- Betriebssystem: SuSE Linux 9.2
- Webserver: Apache
- Datenbank: MySQL
- Admin-Tool: phpMyAdmin → schnell, einfacher Zugriff auf DB via Browser
- CMS: TYPO3
- Wiki: Mediawiki
- WYSIWYG-Editor zur Texteingabe: FCKEditor
- Editoren für die Skript- und Programmiersprachen PHP, HTML, CSS, XML, JavaScript: PHP-Designer 2005
- Bildbearbeitungsprogramm: GIMP

3.2. TYPO3

3.2.1. Was ist TYPO3?

TYPO3 ist ein erfolgreiches Open Source Content Management System, das auf der serverseitigen Skriptsprache PHP und der Datenbank MySQL basiert. Es hat den Ruf ein sehr leistungsfähiges aber auch entsprechend komplexes System zu sein. Das CMS eignet sich aufgrund seiner vielfältigen Funktionen, seiner Erweiterbarkeit und seiner Leistungsfähigkeit auch für den Einsatz in umfangreichen Web-Anwendungen. Es kann als Enterprise-System mit dem Funktionsumfang kommerzieller Systeme konkurrieren und bietet zum Grundsystem bereits über 800 freie Erweiterungen an. Besonders interessant ist auch die standardmäßige Integration der GDLib und ImageMagick, die es ermöglichen, Grafiken automatisch zur Laufzeit zu generieren und bearbeiten zu lassen.

So einfach sich TYPO3 erweitern lässt, so einfach lässt es sich auch auf ein Minimum reduzieren. Das System an sich ist um einen sogenannten Kern aufgebaut, der alle Erweiterungen über eine Schnittstelle integriert. Eine Herausforderung der Arbeit war es u.a. die Komplexität von TYPO3 soweit wie möglich für das Intranet zu vereinfachen, ohne dabei auf die nötige Funktionalität zu verzichten. Eine umfangreiche Dokumentation in vielen Sprachen, Hilfe-Foren und Lern-Videos erleichtern die ersten Schritte beim Umgang mit dem System enorm und suchen ihresgleichen bei anderen Open Source-Produkten. Dennoch ist die Einarbeitung in solch ein komplexes System nicht so einfach wie es bei anderen Systemen wie z.B. dem Wiki der Fall ist.

Bei der Wahl einer geeigneten Plattform lässt TYPO3 durch seine vielfältigen Möglichkeiten genügend Freiheiten. „Es läuft auf fast allen Betriebssystemen, aber es lebt auf Linux". Das System ist auf Windows, Linux, diversen UNIX-Varianten und Mac OS X lauffähig. Für die Intranet-Lösung im Rahmen des Praktikums wurde SuSE Linux 9.2 eingesetzt. Alle Komponenten können unter einer freien Lizenz genutzt werden. Die besonderen Vorteile, die sich beim Einsatz von TYPO3 ergeben, werden in der folgenden Liste verdeutlicht:

- Ausgereifte Benutzer- und Gruppenverwaltung
- Viele Funktionen; diese können mit TypoScript (interne Sprache) und PHP angepasst werden
- Mächtige Suchmaschine, die auch eine Suche in Dokumenten zulässt (PDF, Word)
- Keine Black-Box: Kunden können das System selbst warten, modifizieren und erweitern
- Dynamische Grafik-Erzeugung mit automatischer Bildgenerierung
- Leichte Erweiterbarkeit: Über den Extension Manager können jederzeit neue Funktionen hinzugefügt werden
- Keine Lizenzkosten – auch nicht für die zusätzlichen Funktionen

TYPO3 kann im Gegensatz zu anderen Systemen, im laufenden Betrieb beliebig erweitert werden. Die nötigen Anpassungen können vom Administrator dabei bequem über einen Browser getätigt werden. Erweiterungen werden in TYPO3 „Extensions" genannt und können über einen Extension-Manager direkt aus dem TYPO3 Online-Repository heruntergeladen und installiert werden. Das System ist modular aufgebaut und kann bei der Entwicklung einer Intranet-Lösung an die Anforderungen gut angepasst werden. Zusammenfassend lässt sich erkennen, dass mit dem Einsatz des TYPO3 CMS sämtliche Anforderungen abgedeckt werden können.

3.2.2. Systemanforderungen von TYPO3

Im Folgenden werden die Grundvoraussetzungen für das Betreiben eines TYPO3-Systems angegeben. Für mögliche Erweiterungen müssen gegebenenfalls weitere Voraussetzungen gegeben sein. Typo3 ist ein System, das abhängig von der Größe des Projektes sehr ressourcenbedürftig ist, so sind die Angaben über den Arbeitsspeicher Minimalanforderungen.

- Zugriff auf eine MySQL-Datenbank
- PHP 4 (PHP 5 wird ab Version 3.7.0 unterstützt)
- Mindestens 32 MB Arbeitsspeicher für den Webserver
- Ein Zeitrahmen von ca. 30 bis 120 Sekunden für die Ausführung verschiedener Datenbankfunktionen
- Zur Erzeugung dynamischer Grafiken und für die Fotobearbeitung ImageMagick bzw. GraphicsMagick (ab Version 3.8.0 optional)
- GDLib
- Hinreichend Webspace
- SSH Zugang

3.2.3. Bedienerfreundlichkeit für Redakteure

Die Bedienung von TYPO3 ist sehr einfach gehalten, jedoch werden Nutzer ohne jegliche Vorkenntnisse nicht um eine gewisse Einarbeitungszeit herumkommen.

Hierbei ist zu unterscheiden, ob es sich um das Arbeiten im Frontend oder Backend handelt. Im Frontend ist es für jeden Redakteur leicht einen Eintrag mit Hilfe des in TYPO3 implementierten Rich Text Editors zu schreiben und zu formatieren. Anders sieht das jedoch beim Backend aus. Um sich im Backend zurecht zu finden, benötigt es schon einige Zeit. Zwar ist es möglich den Umfang an angezeigten Funktionen einzugrenzen, doch alleine das Anlegen von neuen Seiten oder das Erstellen eines Contentelements ist für „Materiefremde" nicht ohne Schulung durchführbar. Das eigentliche Schreiben von Beiträgen im Rich Text Editor ist für jeden mit einigen Grundkenntnissen in Textverarbeitungsprogrammen ein Kinderspiel. Der Rich Text Editor ermöglicht auch das einfache Erstellen von internen und externen Links oder das Einbinden von Bildern.

Alles in Allem bietet Typo3 sehr viele Möglichkeiten und Variationen Beiträge und Seiten anzulegen, jedoch ist das genau auch das Problem, denn sobald es ein wenig komplexer wird, ist es für den Laien nicht einfach sich zurecht zu finden.

3.3. Wiki – „das etwas andere Content-Management-System"
3.3.1. Was ist ein Wiki?

Ein Wiki ist ein Web, in dem prinzipiell alle Besucher editieren und damit den Inhalt weiterentwickeln können. Damit eignet es sich gut, um gemeinsam eine Sammlung von Erklärungen, Tipps und Know-How anzulegen. Als bekanntes Anwendungsbeispiel wäre die Enzyklopädie Wikipedia zu nennen. Viele Open Source Projekte nutzen inzwischen Wikis zur

Dokumentation. Die Webseite wird im Browser normal angezeigt. Je nach System enthält sie die Möglichkeit, den Inhalt der Webseite zu bearbeiten. Nach dem Speichern wird die Webseite mit den neuen Änderungen angezeigt. Man braucht weder HTML- noch andere Webdesign-Kenntnisse. So bieten Wikis die Möglichkeit für jeden, schnell Änderungen und Erweiterungen an einer Webseite durchzuführen und dies auch innerhalb einer Gruppe von Anwendern an einer gemeinsamen Webseite zu tun.

Mit dieser Funktion sind Wikis eine eigene Form von Content-Management-Systemen. Man unterscheidet zwischen öffentlichen Wikis, die jeder bearbeiten kann ohne einen Benutzeraccount haben zu müssen, und eingeschränkten Wikis, die je nach Einstellung nur registrierten Benutzern oder nur definierten Benutzern Schreibrechte geben.

Eine Wiki-Seite besteht in drei Formen. Der editierbare Inhalt der Seite wird als einfacher Text auf dem Server meist in einer Datenbank gespeichert. Eine Vorlage bestimmt übergreifend für alle Seiten Layout und Gestaltung. Wenn eine Seite angefordert wird, erstellt der Server aus dem Inhaltstext und der Vorlage die HTML-Datei, die dann im Browser angezeigt wird.

Jedes Wikisystem hat eine Wikisyntax. Das sind spezielle Tags, die es erlauben, den Inhalt einer Seite zu formatieren, das heißt, Wörter oder Sätze hervorzuheben, Überschriften zu markieren und Tabellen dazustellen. Diese Syntax ist auch von Laien leicht erlernbar. Allerdings findet sie im QMH keine Verwendung, da man hier der Benutzerfreundlichkeit wegen noch einen Schritt weitergegangen ist und das System um einen entsprechend einfach zu bedienenden Editor auf Microsoft Word Basis erweitert hat, womit die Syntax ersetzt wird.

Wikis sind hochgradig verwobene Systeme, das heißt, sie haben keine hierarchische Struktur wie viele Webseiten sie haben. Jede Wikiseite enthält Links zu anderen Wikiseiten. Eine abstrakte Struktur wird allein durch den Inhalt und die angebenen Links geschaffen. Zum Verlinken verwendet jedes Wikisystem ein bestimmtes Linkmuster. So werden Wörter, die verlinkt werden sollen, in bestimmte Sonderzeichen eingeschlossen, beispielsweise [[Dienstanweisungen]]. Die Betonung der Verlinkung in Wikis zeigt sich auch daran, wie man eine neue Seite in einem Wiki erstellt. Dazu fügt man in eine bestehende Seite einen Link zu der neuen Seite ein. Klickt man nun auf diesen Link, gelangt man direkt zum Formular für den Inhalt der neuen Seite. Dadurch ist jede Wikiseite von Anfang an Teil des Wikis. Wiki-Systeme haben ein umfangreiches Set von Funktionen, mit dem sehr einfach Änderungen verfolgt, neue mit alten Versionen verglichen und zu älteren Versionen zurückgekehrt werden können. So kann Vandalismus und unerlaubte Werbung auch in offenen Systemen bekämpft werden.

Was zeichnet ein Wiki aus?

- Wiki ist eine dynamische Webseite - schon vom Wortinhalt her ergibt sich daraus der Vorteil: Es ist weniger statisch, es ist *lebendiger*
- Wiki ist ein offenes Kollaborationssystem, daher ist es jedem möglich Inhalte hinzuzufügen oder zu verändern.
- Es ist unkompliziert - alles geht im normalen Webbrowser
- Einfach, da keine HTML-Kenntnisse notwendig sind, es handelt sich um einen einfachen formatierten Text
- Schlicht - hier spricht man von Content over Form, das soviel bedeutet wie dass der Inhalt mehr zählt als die äußere Erscheinung.
- Sicher - jede Änderung wird archiviert, nichts geht verloren.
- Vernetzt - da die Verlinkung vom Wiki automatisch gemacht wird, gibt es weniger Probleme mit nicht funktionierenden internen Verweisen (also keine „toten Links")

3.3.2. System-Anforderungen von Wiki

Im Folgenden werden die Grundvoraussetzungen für das Betreiben eines Mediawiki-Systems angegeben. Für mögliche Erweiterungen müssen gegebenenfalls weitere Voraussetzungen geschaffen werden.

- MySQL = Eine SQL Datenbank zu speichern der Wiki Texte, Benutzer, usw.
- Apache = Ein Webserver
- PHP = Die Programmiersprache, in der Wiki geschrieben ist
- ImageMagick oder GDLib zur Bildbearbeitung
- Turck MMCache für den schnelleren Seitenaufbau

3.3.3. Bedienerfreundlichkeit für Redakteure

Auch im Punkt Benutzerfreundlichkeit macht Media"Wiki" seinem Namen alle Ehre: Es ist „schnell", sowohl im Erlernen, Editieren und Kommunizieren. Ein ungeübter Benutzer kann innerhalb kürzester Zeit die Wiki-Syntax (bzw. den Umgang mit dem Editor) erlernen und Seiten und Artikel anlegen oder bearbeiten. Ein Login ist für diese Tätigkeiten nicht zwingend notwendig (im Praktikum allerdings gefordert).

4. Einsatz von TYPO3 und Mediawiki für die Intranet-Lösung

Wegen der in Kapitel 3.2. angedeuteten Komplexität des TYPO3-Systems bezüglich der Benutzerfunktionen, was zu einem Mehraufwand für die Mitarbeiter aufgrund von mehreren Schulungen und somit zu Akzeptanzproblemen führen kann, wurde das schnell zu erlernende und einfach zu bedienende Mediawiki-System für das Qualitätsmanagementhandbuch diesem vorgezogen. TYPO3 dagegen wurde für das eigentliche Intranet eingesetzt.

Damit teilt sich das zukünftige Intranet des HBK in zwei Bereiche auf:

- Der **Intranet**-Bereich (siehe Abbildung 2) gibt einen Überblick über alle erreichbaren Dienste, z.B. Nachrichten, Veranstaltungen im HBK, das noch zu realisierende Telefonbuch usw.
- Das **TQM-Handbuch** (siehe Abbildung 3), auf das im nächsten Kapitel ausführlich eingegangen wird.

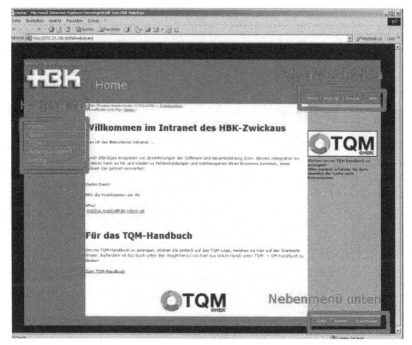

Abbildung 2 HBK-Portal (TYPO3)

16

Die wichtigsten Funktionen sind im Hauptmenü zu finden.

- **Home:** Direkter Link zur Startseite des Intranets
- Unter **News** erscheinen wichtige Nachrichten rund ums HBK
- **TQM** unterteilt sich in weitere Bereiche wie <u>Veranstaltungen</u> und <u>Erreichbarkeit</u>, welche aber erst in einer Rohform existieren
- **Arbeitsgruppen** sind spezielle Bereiche, welche nur bestimmte Nutzer betreten dürfen, wie Netzreporter, Mitarbeiter der Medizinischen Informatik und was sich noch in Zukunft ergibt
- **Suche:** diese Suchfunktion bezieht sich nur auf das Intranetportal und alle Unterseiten, sie umfasst nicht das TQM-Handbuch, da es auf einer anderen Datenbank liegt

Über einen Klick auf die TQM-Buttons am rechten bzw. unteren Rand oder den entsprechenden Link in der Seitenleiste erfolgt die direkte Weiterleitung ins TQM-Handbuch.

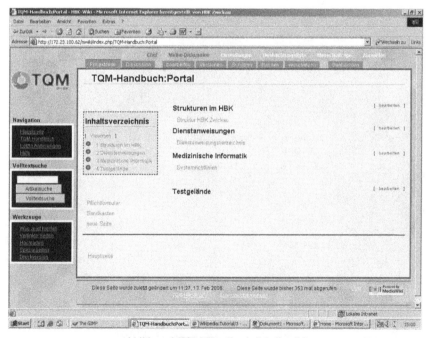

Abbildung 3 TQM-Handbuch (Mediawiki)

5. Mediawiki als klinikinternes Qualitätsmanagementhandbuch

Die Umsetzung des Handbuches bestand hauptsächlich aus Anpassungs- und Erweiterungsarbeiten, welche im Folgenden beschrieben werden. Dabei wird so vorgegangen, dass neben der Erläuterung der jeweiligen Komponente bzw. Funktion des Mediawiki-Systems ein direkter Bezug zur Realisierung in der Praxis genommen wird.

5.1. Allgemein

Mediawiki basiert auf PHP für die Programmierung und MySQL als Datenbank. Nach dem Herunterladen wird es in ein Webserververzeichnis kopiert und ein Setup-Skript gestartet, das die Datenbank-Tabellen anlegt und die grundlegende Konfiguration vornimmt. Ein Großteil der Einstellungen wird in der *LocalSettings.php*-Datei vorgenommen. Hier muss man sich durch eine Masse von Einstellungsmöglichkeiten arbeiten, die ein gewisses Verständnis für Server-Einstellungen voraussetzen.

Über Vorlagen und Cascading Style Sheets (CSS) kann man das Aussehen des Wikis beliebig anpassen. Das Logo wurde ausgetauscht und die Links in der Seitenleiste wurden verändert. Die aktuelle Version des Mediawikis macht dies über eine spezielle Seite relativ einfach möglich. Diese Seite kann nur vom Administrator editiert werden. Er kann die Links in der Seitenleiste wie eine normale Wikiseite editieren und muss so nicht im Code des Wikis arbeiten.

Das Wiki wurde so konfiguriert, dass ausschließlich registrierte und angemeldete Benutzer Einträge schreiben und editieren können. Wobei dies weniger als Schutz vor Vandalismus gedacht ist, da der im eigenen Intranet keine besonders große Gefahr darstellt. Vielmehr lässt sich so jeder Eintrag und jede Veränderung einem Mitarbeiter zuordnen.

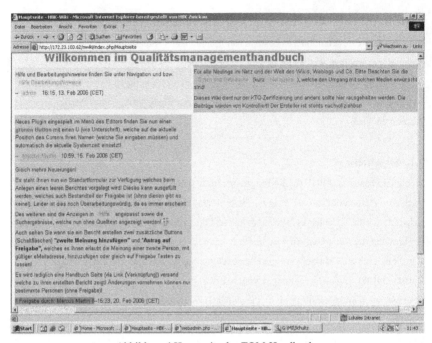

Abbildung 4 Hauptseite des TQM-Handbuchs

Um das Wiki einzuführen und um den Mitarbeitern eine Vorstellung von der
Einsatzmöglichkeit zu vermitteln, wurde auf der Hauptseite (siehe Abbildung 4) des Wikis
eine grobe Struktur bestehend aus Wegweisern, wie z.B. das Erreichen der Hilfe-Seite für
Bearbeitungshinweise, vorgegeben. Des Weiteren halten Informationen über Neuerungen
und/oder Anpassungen die Mitarbeiter immer auf dem aktuellen Stand.

Das Farbschema der Links weist darauf hin, ob zu dem Thema schon eine Wikiseite existiert.
Ein hellgrüner Link führt zu einer Seite mit Inhalt. Ein dunkelgrüner Link führt direkt in das
Eingabefenster einer neuen Seite, um den ersten Inhalt zu diesem Thema festzuhalten.

Im Mittelpunkt der Bearbeiten-Seite (siehe Abbildung 5) steht das Eingabefenster, in dem alle
Inhalte der Wikiseite angezeigt werden bzw. beim Anlegen eines leeren Berichtes das
Eingabeformular für das Titelblatt der Qualitätssicherungsmaßnahmen, bestehend aus den
einzugebenden Elementen Titel, Hauptstichwort, Standort, Erstellt, Geprüft und Freigegeben.
(Anhang B enthält den in einem PHP-Skript eingebetteten HTML-Code des
Eingabeformulars.) Hier kann der Benutzer den Inhalt komplett editieren bzw. seinen Bericht
verfassen.

Zu diesem Zweck steht ein extra hierfür integrierter Editor zur Verfügung, welcher sich über dem Formularfenster befindet und gegenüber dem ursprünglich enthaltenen Wiki-Editor eine Fülle von Funktionalität bietet, wodurch dem Nutzer das Leben wesentlich einfacher gemacht wird. In Kapitel 6 wird darauf genauer eingegangen.

Eine Anleitung zum Anlegen und Bearbeiten von Seiten findet der Benutzer ganz unten unter *Bearbeitungshilfe* bzw. unter Hilfe im Navigationsmenü am linken Rand. Nachdem der Inhalt erstellt beziehungsweise verändert wurde, kann der Benutzer eine kurze Zusammenfassung seiner Änderungen festhalten. Dies hilft den anderen Benutzern schneller die Änderungen zur vorhergehenden Version des Inhalts zu erkennen.

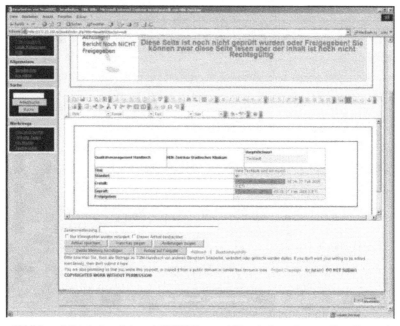

Abbildung 5 Bearbeiten-Seite mit FCKEditor und Eingabeformular zum Erstellen und Verändern von Inhalten

Von Seiten der Mitarbeiter wurde der Wunsch geäußert, Bilder und Grafiken wie z.B. Organigramme auch in das Wiki einbinden zu können. Mediawiki sieht hierzu zwei Features vor: eine „Bildergalerie" und eine „Bilderliste". Da jedoch auch hier die Wiki-Syntax erst erlernt werden müsste, wird dagegen die im Editor integrierte Funktion „Bilder einfügen" zur Anwendung kommen.

5.2. Komponenten / Funktionen von Mediawiki

5.2.1. Suche

Für das Auffinden der gewünschten Information ist in Mediawiki eine Suchfunktion implementiert. Es handelt sich dabei um eine Titel- sowie Volltext-Suche. Um die Suche zu beschleunigen wird ein Index der Texte und Kategorien erstellt und in der MySQL-Datenbank in einer Tabelle abgelegt.

Die Ergebnisse können nach verschiedenen Kriterien sortiert und angezeigt werden. So können die Ergebnisse nach Übereinstimmungen in Überschrift und Text aufgeteilt werden und / oder nach Relevanz der Suchbegriffes. Um die Suchanfrage zu präzisieren bringt die Mediawiki-Suche einige Funktionen mit. So ist es möglich Boolsche Operatoren zu verwenden wie: AND, OR und NOT oder Klammerung um das Ergebnis zu verbessern. Zusätzlich kann man die Suche auf bestimmte Bereiche eingrenzen. Zum Beispiel nur in den Diskussionen zu suchen oder in der Hilfe.

Mediawiki ermöglicht durch das Anpassen der Upload-Funktion auch das Indizieren und somit anschließende Durchsuchen von PDF- und Word-Dokumenten.

5.2.2. Darstellung der Inhalte / Design

Mediawiki basiert wie ein CMS auf dem Prinzip der Trennung von Layout und Content. Die Inhalte werden in der Datenbank unabhängig von der späteren Ausgabe gespeichert. Durch diese Entkopplung von Inhalt und Design kann die Gestaltung der kompletten Seiten an einer Stelle erfolgen. Das Design im Mediawiki wird über ein zentrales CSS (siehe Anlage E) gesteuert. Seiten auf tieferen Ebenen erben die Anweisungen zur Darstellung, wodurch für das TQM-Handbuch eine einheitliche Sicht geboten wird. Sind die Anforderungen an das Layout unterschiedlich, so können einzelne Seiten gegebenenfalls aber auch durch weitere Style Sheets ergänzt oder überschrieben werden.

Emotionale Gestaltungsaspekte spielen eine wichtige Rolle:

Die Farben sind dezent gehalten (sandfarbener Hintergrund). Auf Effekte mit Bildern oder Animationen wird weitestgehend verzichtet. Es soll wenig von den eigentlichen Informationen ablenken und der Benutzer soll direkt zu den gewünschten Inhalten geleitet werden. Die einzelnen Elemente der Navigation werden durch einen „Mouseover-Effekt" hervorgehoben, sobald ein Benutzer seine Maus über einen der Links bewegt. Dies gibt dem Benutzer eine Rückmeldung für seine Interaktion und vereinfacht die Bedienbarkeit.

Die Navigation von Mediawiki ist auf Grund der fehlenden Strukturen meist unübersichtlich, es ist zwar möglich eine Struktur aufzuzwingen, jedoch nicht sinnvoll.

5.2.3. Organisation von Inhalten

Wie zuvor erwähnt wurde, ist Mediawiki frei von jeglichen Strukturen. Doch es gibt dennoch ein paar Möglichkeiten das „gewollte Chaos" zu begrenzen.

Beispielsweise lassen sich Artikel Kategorien zuordnen und alphabetisch ordnen. Mittels dieser Einteilung entstehen Gruppen von zusammengehörenden Artikeln. Zum Beispiel könnte man eine Kategorie ‚Medizinische Informatik' anlegen und alle mit diesem Thema verwandten Artikel zuordnen, somit wären auf einen Blick alle Systeme in einer alphabetischen Liste zusammengefasst und man müsste nicht nach jedem einzeln suchen. Es lassen sich auch Kategorien in Unterkategorien zusammenfassen, so wäre die Kategorie ‚Systemrichtlinien' eine Unterkategorie von ‚Medizinische Informatik'. Mit diesem Mechanismus wurden die Bereiche und Unterbereiche des bestehenden QMH in das Wiki-QMH übernommen. Die Einteilung erfolgte dabei nach dem selben Schema, nur dass der Nutzer nun direkt die Bereiche ansteuern kann.

In Artikeln mit mehr als drei Überschriften generiert Mediawiki automatisch ein Inhaltsverzeichnis. Dabei hält es sich an die Hierarchie der Überschriften. Dieses Inhaltsverzeichnis wird künftig das konventionelle Inhaltsverzeichnis des Titelblattes mit seinen Gliederungspunkten ablösen.

Abbildung 6 Beispiel eines Inhaltsverzeichnisses

Die Speicherung findet bei Mediawiki an zwei Stellen statt. Zum Einen werden die Artikel in einer MySQL-Datenbank gespeichert und zum Anderen werden alle Dokumente in einem Ordner im Filesystem abgelegt. Bei der Speicherung der Artikel in der Datenbank werden jedoch nicht nur die aktuellen Artikel gespeichert, sondern auch frühere Versionen.

So ist es möglich alte Versionen eines Artikels wieder herzustellen. Diese Funktion ist, wie schon einmal erläutert, bei Mediawiki besonders wichtig, da es sich bei Wikis um sehr offene Systeme handelt und ein entsprechender Schutz gegen Vandalismus nicht gegeben ist.

5.2.4. Benutzerhierarchie / Berechtigungssystem

Mediawiki ist wie alle Wikis für das kollektive Arbeiten programmiert worden. Es ist für jeden Benutzer möglich an einem Artikel mitzuarbeiten. Zusätzlich gibt es für jeden Artikel eine Diskussionsseite, in der man sich über mögliche Änderungen oder weiterführende Themen austauschen kann.

Wie im Kapitel 3.3. „Wiki" schon beschrieben, ist auch das Anlegen von neuen Seiten für jeden Benutzer möglich. Doch es ist möglich diese Rechte einzuschränken und nur eingeloggten Usern das Editieren zu erlauben oder spezielle Seiten nur für diese sichtbar zu machen. Neben diesen Rechten gibt es auch noch eine Benutzer-Hierarchie, die angemeldeten Nutzern je nach Rang bestimmte Zusatzfunktionen ermöglicht. Diese Hierarchie ist beim TQM-Handbuch u.a. entsprechend den bearbeitenden Personengruppen aufgeteilt worden in nicht angemeldete Benutzer, angemeldete Benutzer, Kontrolleure, Profis, Freigebende, SYSOP (Administratoren) und Bots.

Die Rechte der **nicht angemeldeten Benutzer** beschränken sich auf die Möglichkeiten des Lesens des gesamten Inhalts des Handbuches sowie der Nutzung der Suchfunktion.

Angemeldete Benutzer können zusätzlich Berichte erstellen und diese bearbeiten.

Die Gruppe der **Kontrolleure** ist eine reine Kontrollinstanz, welche für inhaltliche Fragen zuständig ist und den Inhalt stichprobenhaft auf Richtigkeit überprüft. Diese Gruppe kann Berichte verschieben, zurücksetzen (eine ältere freigegebene Version laden) und Beiträge, welche keiner Kontrolle oder Freigabe bedürfen, sofort aktivieren.

Die **Profis** ist eine Gruppe, welche sich der Nutzerverwaltung hingibt. Zusätzlich zu den Rechten der Vorherigen kann sie Nutzerprofile umbenennen, Nutzerrechte setzen (Sperren und Entsperren von Nutzern) und Gruppenzugehörigkeit ändern.

Freigebende ist eigentlich keine Gruppe, weil diese Aufgabe in der Hand nur einer Person liegt, ist aber wegen rechtlicher Belange unbedingt notwendig, da der Inhalt des TQM-Handbuches noch, im Überblick (als Titelblatt), festgehalten und unterschrieben werden muss. Der Freigebende gibt die Berichte endgültig frei. Weiterhin kann er Berichte verschieben sowie löschen und wiederherstellen.

Die Gruppe **SYSOP,** die gleichzusetzen ist mit **Administratoren,** besitzt neben den bisher genannten Rechten Zugriff auf die technische Ebene des Mediawiki-Systems (Wiki-Software, Server, ...), kurz: „Sie dürfen alles".

Vollständigkeitshalber soll die Gruppe der **Bots** nicht zu kurz kommen. Bots sind systemeigene Werkzeuge, die automatisch administrative Aufgaben abarbeiten können, wie zum Beispiel das Setzen von Interwiki-Links (Links von einem Wiki zu anderen Wikis).

Die folgende Abbildung soll das Schema des Nutzersystems im QMH noch einmal verdeutlichen.

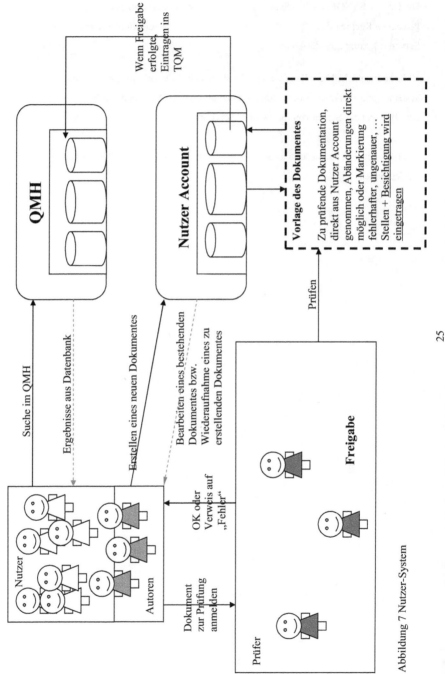

Abbildung 7 Nutzer-System

5.2.5. Navigation

Da das TQM-Handbuch ohne große Einarbeitung genutzt werden soll, ist es insbesondere wichtig dem Benutzer ein geordnetes und „bekanntes" Interface zu bieten. Erst das Interface macht aus Daten verständliche Informationen. Das verlangt aber auch, dass das Interface sich an gewisse „Quasi-Standards" hält, die dem Benutzer die Informationen und Werkzeuge so einfach wie möglich zugänglich machen. Dies spielt bei der Navigation ebenso eine wichtige Rolle wie beim bereits erläuterten Design. Der folgende Abschnitt wird den Entwurf der Navigationselemente des Mediawikis behandeln, sodass sich die Benutzer direkt im TQM-Handbuch zurechtfinden.

Eine vertikale Navigation am linken Rand und eine horizontale Navigation im oberen Browserbereich haben sich bei der Gestaltung von Navigations- und Orientierungselementen durchgesetzt. Diese Struktur ist für jeden Benutzer nachvollziehbar und somit auch intuitiv verständlich.

Mediawiki sieht drei verschiedene Navigationsbereiche vor, welche für das TQM-Handbuch teilweise übernommen und/oder abgeändert wurden, und die folgende Funktion bieten:

Vertikale Navigation:

Navigation

Hauptseite: führt zurück zur Eingangsseite des TQM-Handbuches.

TQM-Handbuch: Das eigentliche Portal des Qualitätsmanagementhandbuches, in dem man sich über die Qualitätssicherungsmaßnahmen nach Bereichen geordnet (z.B. Dienstanweisungen) informieren bzw. dann entsprechend selbst Berichte verfassen kann. (Im Praktikum wurden hauptsächlich die Links zu den einzelnen Bereichen (Kategorien) erstellt, die Inhalte des bestehenden QMH wurden aus Zeitmangel erst einmal teilweise übernommen, die damit verbundene Arbeit wird jedoch von entsprechenden Mitarbeitern fortgeführt werden.)

26

Letzte Änderungen: eine automatische Liste der Artikel, die als letztes geändert oder neu angelegt wurden.

Hilfe: gibt Hilfestellung für das Anlegen bzw. Bearbeiten von Artikeln, Hinweise zur Suche u.ä.

Allgemeines

Benutzerliste: alphabetisch sortierte Liste aller angemeldeten Benutzer

Alle Artikel: alphabetisch sortierte Listen aller vorhandenen Artikel

Suche

Es gibt zwei Modi für die Suche:

- Die Eingabetaste oder ein Klick auf **Artikelsuche** versucht den eingegebenen Text als Artikeltitel zu finden
- **Suche** bedeutet Volltextsuche

Findet die Artikelsuche keinen Artikel mit dem Namen, wird automatisch eine Volltextsuche durchgeführt.

Werkzeuge

Was zeigt hierhin: listet alle Handbuch-Seiten auf, von denen ein Link auf die aktuelle zeigt

Verlinkte Seiten: zeigt die letzten Änderungen an den Artikeln, auf die die aktuelle Seite verweist – praktisch, um Änderungen in einem Themengebiet zu verfolgen

Hochladen: führt zu einer Uploadmöglichkeit für Bilder und andere Dateien. Bilder sollten jedoch bevorzugt über die entsprechende Funktion im Editor hochgeladen werden, was aufgrund des Verzichts auf die Wiki-Syntax wesentlich einfacher zu realisieren ist

Spezialseiten ermöglicht schnellen Zugriff auf einige besondere Funktionen, u. a. Anzeige aller Benutzer, Anzeige verwaister Artikel und Dateien (auf die kein Link zeigt).

Druckversion erzeugt eine kompakte Ansicht des Artikels ohne Navigationsmenü und zusätzliche Links, sodass dieser auf Papier ausgedruckt werden kann (Titelblatt zur Aufbewahrung in der Bibliothek).

Horizontale Navigation am oberen Rand des Bildschirms:

Anmelden/Einstellungen

Für nicht angemeldete Benutzer:

> **Anmelden:** hier geht es zum Login, noch nicht angemeldete Benutzer können hier einen neuen Benutzeraccount erstellen

Für angemeldete Benutzer

Einstellungen: führt zur persönlichen Konfiguration, wo man u. a. sein Passwort ändern kann

Meine Diskussion: führt zur eigenen Diskussionsseite. Zu jeder Wiki-Seite gibt es eine Diskussionsseite, auf der man den Inhalt der jeweiligen Seite sowie eventuelle Verbesserungsmöglichkeiten mit anderen diskutieren kann.

Beobachtungsliste: Hier werden alle Änderungen der Seiten, die auf der persönlichen Beobachtungsliste stehen, angezeigt. Für jede dort eingetragene Seite wird die letzte Änderung angezeigt.

Darunter liegende horizontale Navigation:

Für alle Benutzer:

Artikel führt zur aktuellen Seite (Bericht)

Versionen: zeigt frühere Versionen des Artikels an

Für angemeldete Benutzer:

Diskussion: führt zur Diskussionsseite des Artikels. Hier können Fragen gestellt und Kommentare geäußert werden.

bearbeiten: Damit kann man den Inhalt der aktuellen Seite ändern. Nach dem Klick erscheint ein Textfeld mit dem Inhalt der Seite und dem Editor zur Bearbeitung. Dabei können durch Bearbeiten-Links, welche rechts neben jeder Überschrift stehen, auch einzelne Abschnitte bearbeitet werden.

Seite beobachten: Damit kann man den aktuellen Artikel auf seine Beobachtungsliste setzen.

Für Kontrolleure:

verschieben: Damit kann man Artikel umbenennen. Gleichzeitig wird eine Weiterleitung vom alten auf den neuen Namen angelegt.

Für Freigebende:

Freigeben: Dadurch wird ein Artikel endgültig freigegeben, d.h. rechtsgültig. Bei Artikeln, welche noch nicht geprüft wurden, erscheint im Kopf eine Nachricht, die darauf hinweist, dass der Bericht noch nicht freigegeben ist. Nach der Freigabe verschwindet diese Nachricht.

löschen: löscht einen Artikel (fast) unwiderruflich

Für Administratoren:

Artikel schützen: Damit wird eine Seite für Nicht-Administratoren schreibgeschützt (z.B. die Hauptseite, welche nur von den Administratoren bearbeitet werden kann).

6. Editor

Der FCKEditor ist ein Open Source HTML-Texteditor zum Einbau in Webseiten, der viele der leistungsfähigen Funktionen des vertrauten und von einer breiten Masse von Anwendern genutzten Desktop-Editors Microsoft Word bereitstellt, wie z.B. Schrift- und Textformatierung, Textfunktionen wie Copy & Paste, Erstellen von Links, Einfügen von Bildern, Erstellen und Bearbeiten von Tabellen und Formularen. Selbst das Aussehen der Bedienungsoberfläche des Editors kann mittels eines von mehreren mit dem Software-Paket mitgelieferten Skins genau an das Design des Textverarbeitungsprogrammes MS Word angepasst werden. Es ist keine Installation auf dem Client-Computer erforderlich.

Der Editor beruht auf dem Prinzip des WYSIWYG (**W**hat **Y**ou **S**ee **I**s **W**hat **Y**ou **G**et): Der Benutzer kann Objekte mit Hilfe der grafischen Benutzeroberfläche direkt auf der Seite platzieren bzw. eingegebenen Text formatieren (wie von Word her gewohnt) ohne den entsprechenden HTML-Code manuell eingeben zu müssen bzw. bezüglich des Wikis die Wiki-Syntax zu kennen und anzuwenden. Der eingegebene Text wird vom FCKEditor automatisch in HTML-Code transformiert.

Durch das Einbinden des FCKEditors müssen einige Kommandos, welche im Wiki standardgemäß Verwendung finden, durch normale HTML-Tags ersetzt werden.

Beispiel: für Überschriften mit Break in Mediawiki-Syntax

== Überschrift1 == \n\n

Überschrift in HTML-Tags (Break erfolgt automatisch)

<h1>Überschrift1</h1><!- -Break- ->

Wiki-Syntax → HTML-Syntax übersetzen in der Datei *mwiki/includes/Article.php*

```
function insertNewArticle( $text, $summary, $isminor, $watchthis, $suppressRC=false,
$comment=false

    ...

    # If this is a comment, add the summary as headline
    if($comment && $summary!="") {
        $text="== {$summary} ==\n\n".$text;
    }
    ...
```

neu

```
...
# If this is a comment, add the summary as headline
if($comment && $summary!="") {
        $text="<h2> {$summary} </h2><br>".$text;
}
...
```

6.1. Erweiterung des FCKEditors

Obwohl durch die Einbindung des FCKEditors der größte Teil der Mediawiki-Syntax ersetzt wurde, wie zum Beispiel Tabellen erstellen, Überschriften und Farbsetzung, ist es empfehlenswert die wenig verbleibenden Sonderkommandos via Button zur Verfügung zu stellen.

Dazu wurde zum Beispiel mit dem Mediawiki eigenen Signaturbefehl für das Unterschreiben der Ersteller, Kontrolleure und Freigebenden eine Art „elektronische Unterschrift" implementiert.

Der Signaturbefehl im Mediawiki:

- ■ -- ~ ~ ~ (Username)
- ■ -- ~ ~ ~ ~(Datum)
- ■ -- ~ ~ ~ ~ ~(Username und Datum)

Um dem Nutzer eine solche Sonderregelung zu ersparen, kann das FCKEditor Plug-In, dessen Quellcode in Anlage D zu finden ist, abhelfen.

Die Erweiterung stellt einen Button im Menü des Editors bereit, lässt ein Fenster mit Textfeld aufpoppen, in das der Nutzer seinen Namen eingeben muss. Weiterhin stehen drei Radiobuttons zur Auswahl, welche den Status des Nutzers (Ersteller, Kontrolleur, Freigeber) darstellen sollen.

Mit Bestätigen wird auf der aktuellen Cursorposition der eingegebene Name sowie die Uhrzeit eingesetzt.

5. Vorgehensweise der Erstellung eines neuen Eintrags

Zusammenfassend sollen an dieser Stelle noch einmal die Schritte zum Anlegen eines Berichtes im neuen System beschrieben werden.

- nach erfolgreicher Anmeldung unter Navigationselement *TQM-Handbuch* auf Bereich klicken, in dem Qualitätssicherungsmaßnahme erstellt werden soll
- im Editormenü gibt es einen Button, nach dessen Anklicken ein Fenster zur Eingabe des Artikelnamens erscheint
- anschließend wird ein Link erzeugt, dessen Farbe darüber entscheidet, ob ein entsprechender Artikel gleichen Namens schon existiert (hellgrün) oder nicht (dunkelgrün) → Vermeidung der Doppeleingabe von Formularen
- nach Klick auf diesen Link öffnet sich das Eingabefenster mit dem FCKEditor sowie dem Eingabeformular für das Titelblatt bzw. dem bereits enthaltenen Text
- Eingabeformular muss mit Titel, einem Hauptstichwort sowie einem oder mehreren Stichwörtern ausgefüllt werden, dann kann der eigentliche Bericht folgen bzw. bei einem bestehenden Gliederungspunkte hinzugefügt werden, welche automatisch nach Eingabe einer Überschrift im Inhaltsverzeichnis erstellt werden
- nach Eingabe bzw. Bearbeitung des Textes sollte vor dem endgültigen Speichern die Schaltfläche *Vorschau zeigen* verwendet und der Text noch einmal auf eventuelle Fehler überprüft werden
- weiterhin stehen zwei zusätzliche Buttons zur Verfügung (welche eigens für das TQM-Handbuch erstellt wurden):
  - *zweite Meinung hinzufügen*, mit dem die Meinung einer zweiten Person mit gültiger Email-Adresse hinzugefügt werden kann und
  - *Antrag auf Freigabe*, um Artikel gleich auf Freigabe testen zu lassen
  → es öffnet sich jeweils ein Microsoft Outlook-Fenster mit vorgefertigtem Betreff und Text, womit ein zum erstellten Bericht verweisender Link an entsprechende Personen versandt wird (siehe Anlage C)
- vor Klick auf *Artikel speichern* kann noch in einem unter dem Eingabefenster befindlichen Eingabefeld eine kurze Zusammenfassung des Inhalts des Berichtes eingegeben werden
- *Artikel speichern* anklicken

Nach dem Erstellen eines Eintrags soll das System automatisch Version, Ersteller, Datum und Zeit des Erstellens, der Freigabe oder der Bearbeitung, Dokumentennummer sowie den Freigebenden (wenn Antrag gestellt) generieren.

Da dies nicht in meinem Aufgabengebiet lag, sondern sich meine Arbeit größtenteils auf das Design und Anpassungen/Erweiterungen des Mediawiki (z.B. FCKEditor) bezog, wird nicht näher darauf eingegangen.

A. Titelblatt (bisher)

Qualitäts-management-	Heinrich-Braun-Krankenhaus Zwickau Städtisches Klinikum	Hauptstichwort HUO
Titel: Hygiene- und Umweltordnung (HUO)		**Anzahl der Blätter: I-VI** 1 – 13-3

Hauptstichwort: HUO weitere Stichwörter: Abfälle Desinfektion Hygiene- und Umweltordnung Infektionskrankheiten Merkblätter Sterilisation Umweltschutz Wäsche	**Standort:** HYG/U jede Station jeder Bereich **Intranet:** G – Hygiene – TQM Datei: HUO 01-2002

Erstellt: HYG/U Name: OA Taubner Unterschrift: **Datum: 01/2002**	**Freigegeben:** KHL Name: Unterschrift: **Datum: 01.02.2002**	**Dokument Nr.2** **TQM**

B. QMH-Eingabeformular (wird aufgerufen in der Funktion *editForm* der Datei ***editPage.php*** des Mediawiki → siehe Anlage B)

```php
<?php

function catchTQMForm(){

$setForm = '

<div style="text-align:center; padding:20px; border:thin solid red; margin:25px">


<div style="text-align:left; padding:20px; border:thin solid green; margin:25px">
<table align="" width="90%" border="1" cellspacing="0" cellpadding="0">
<tr>
  <td><b>Qualit&auml;tsmanagement Handbuch</b></td>
  <td><b>HBK-Zwickau St&auml;dtisches Klinikum</b></td>
  <td>
    <table>
      <tr>
        <td><b>Hauptstichwort</b></td>
      </tr>
      <tr>
        <td align="" width="200" bgcolor="#FFFF99"> </td>
      </tr>
    </table>
  </td>
</tr>
</table>
<table align="" width="90%" border="1" cellspacing="0" cellpadding="0">

<tr>
    <td><b>Titel:</b></td>
    <td width="300" bgcolor="#FFFF99"></td>

</tr>


<tr>
    <td><b>Standort:</b></td>
    <td width="300" bgcolor="#FFFF99"></td>
</tr>


<tr>
    <td ><b>Erstellt:</b> </td>
    <td width="300" bgcolor="#FFFF99"></td>

</tr>
<tr>
    <td ><b>Gepr&uuml;ft:</b> </td>
    <td width="300" bgcolor="#FFFF99"></td>
```

```
            </tr>
            <tr>
                <td ><b>Freigegeben:</b> </td>
                <td width="300" bgcolor="#FFFF99"></td>

            </tr>

            </table>
            </div>
            </div>';

    return $setForm;
    }
    ?>
```

C. Integration des FCKEditors in die Mediawiki Software

Installieren des FCKEditors

1. Herunterladen des Editors von http://www.fckeditor.net
2. Kopieren des Editors in das Mediawiki-Verzeichnis
3. Hinzufügen des folgenden Abschnitts (bewirkt Anzeige der Toolbar des Editors, z.B. Buttons Fett/Kursiv/Unterstrichen, Tabelle-Button usw.) in die Datei */FCKEditor/fckconfig.js*

```
FCKConfig.ToolbarSets["MyToolbar"] = [
    ['DocProps','-','Save','NewPage','Preview','-','Templates'],
    ['Cut','Copy','Paste','PasteText','PasteWord','-','Print','SpellCheck'],
    ['Undo','Redo','-','Find','Replace','-','SelectAll','RemoveFormat'],
    ['Bold','Italic','Underline','StrikeThrough','-
','Subscript','Superscript'],              // Fett, Kursiv, Unterstrichen
    ['OrderedList','UnorderedList','-','Outdent','Indent'],
    ['JustifyLeft','JustifyCenter','JustifyRight','JustifyFull'],

    // Signature-Plug-In
    ['Placeholder','Signature','Link','Unlink','Anchor'],
    ['Image'],
    ['Table','-',                               // Tabelle
        'TableInsertRow', 'TableDeleteRows',
        'TableInsertColumn', 'TableDeleteColumns',
        'TableInsertCell', 'TableDeleteCells',
        'TableMergeCells', 'TableSplitCell'
    ],
    ['Rule','Smiley','SpecialChar','UniversalKey'],
//['Form','Checkbox','Radio','TextField','Textarea','Select','Button','Imag
eButton','HiddenField'],
    '/',
    ['Style','FontFormat','FontName','FontSize'],
    ['TextColor','BGColor'],
    ['About']
] ;
```

Anpassen des Mediawiki-Skripts

Abändern der Datei **Article.php** (repräsentiert einen Mediawiki Artikel und History)

- Funktion *getSection* (Rückgabe des Textes eines Abschnitts, d.h. Text unterhalb einer Überschrift, spezifiziert durch eine Zahl ($section))

```
function getSection($text,$section) {

# strip NOWIKI etc. to avoid confusion (true-parameter causes HTML
# comments to be stripped as well)
$striparray=array();
$parser=new Parser();
$parser->mOutputType=OT_WIKI;
$parser->mOptions = new ParserOptions();
$striptext=$parser->strip($text, $striparray, true);
# patch
global $wgUseEditor, $wgEditorToken;
if (eregi($wgEditorToken, $striptext, $result_eregi)) $wgUseEditor = true;
```

```
...
}
```

Abändern der Datei **Parser.php** (beinhaltet Code zur Konvertierung von Wikitext nach HTML)

- Funktion *parse* (erster Durchlauf – konvertiert nur <nowiki>-Abschnitte (unformatierter Text) – übergibt den Rest an die Funktion *internalParse*)

```
function parse( $text, &$title, $options, $linestart = true, $clearState =
true ) {
global $wgUseTidy, $wgContLang;
$fname = 'Parser::parse';
wfProfileIn( $fname );

if ( $clearState ) {
        $this->clearState();
}

$this->mOptions = $options;
$this->mTitle =& $title;
$this->mOutputType = OT_HTML;

$this->mStripState = NULL;

//$text = $this->strip( $text, $this->mStripState );
// VOODOO MAGIC FIX! Sometimes the above segfaults in PHP5.
$x =& $this->mStripState;

# patch fck editor
global $wgUseEditor, $wgEditorToken;
if ($wgUseEditor or eregi($wgEditorToken, $text, $eregi_result)) {
        $wgUseEditor = true;
}

wfRunHooks( 'ParserBeforeStrip', array( &$this, &$text, &$x ) );
$text = $this->strip( $text, $x );
wfRunHooks( 'ParserAfterStrip', array( &$this, &$text, &$x ) );

# patch editor
if ($wgUseEditor) $text = preg_replace("|$eregi_result[0]|", "", $text);


$text = $this->internalParse( $text );

$text = $this->unstrip( $text, $this->mStripState );
...

# only once and last
# patch editor
if (!$wgUseEditor) $text = $this->doBlockLevels( $text, $linestart );

$this->replaceLinkHolders( $text );

...

}
```

- Funktion *internalParse* (Hilfsfunktion für *parse*, transformiert Wiki-Syntax in HTML)

```
function internalParse( $text ) {
 global $wgContLang;
 $args = array();
 $isMain = true;
 $fname = 'Parser::internalParse';
 wfProfileIn( $fname );

 # Remove <noinclude> tags and <includeonly> sections
 $text = strtr( $text, array( '<noinclude>' => '', '</noinclude>' => '') );
 $text = preg_replace( '/<includeonly>.*?<\/includeonly>/s', '', $text );

 $text = Sanitizer::removeHTMLtags( $text, array( &$this,
'attributeStripCallback' ) );
 $text = $this->replaceVariables( $text, $args );

 $text = preg_replace( '/(^|\n)-----*/', '\\1<hr />', $text );

 # patch editor
 global $wgUseEditor;

 if (!$wgUseEditor) $text = $this->doHeadings( $text );
 if($this->mOptions->getUseDynamicDates()) {
         $df =& DateFormatter::getInstance();
         $text = $df->reformat( $this->mOptions->getDateFormat(), $text );
 }
 if (!$wgUseEditor) $text = $this->doAllQuotes( $text );
 $text = $this->replaceInternalLinks( $text );
 $text = $this->replaceExternalLinks( $text );

 # replaceInternalLinks may sometimes leave behind
 # absolute URLs, which have to be masked to hide them from
replaceExternalLinks
 $text = str_replace(UNIQ_PREFIX."NOPARSE", "", $text);

 $text = $this->doMagicLinks( $text );
 if (!$wgUseEditor) $text = $this->doTableStuff( $text );
 $text = $this->formatHeadings( $text, $isMain );

 $regex = '/<!--IW_TRANSCLUDE (\d+)-->/';
 $text = preg_replace_callback($regex, array(&$this, 'scarySubstitution'),
$text);

 wfProfileOut( $fname );
 return $text;

}
```

- Funktion *strip* (zerlegt und übersetzt die Tags <nowiki> (unformatierter Text), <pre> (präformatierter Text), <math> (mathematische Formeln), <hiero> (Hieroglyphen))

```
function strip( $text, &$state, $stripcomments = false ) {
 $render = ($this->mOutputType == OT_HTML);
 $html_content = array();
 $nowiki_content = array();
 $math_content = array();
```

```
$pre_content = array();
$comment_content = array();
$ext_content = array();
$ext_tags = array();
$ext_params = array();
$gallery_content = array();

# Replace any instances of the placeholders
$uniq_prefix = UNIQ_PREFIX;
#$text = str_replace( $uniq_prefix, wfHtmlEscapeFirst( $uniq_prefix ),
$text );

# patch fck editor
 global $wgUseEditor, $wgEditorToken;
 if ($wgUseEditor) {
        $taglist = array("nowiki", "math", "pre", "gallery");

        # Replace &lt$tag&lt; by <$tag>
        foreach ($taglist as $tag) {
               $text = preg_replace("/<\s*$tag\s*>/i", "<$tag>", $text);
               $text = preg_replace("/<\s*\/\s*$tag\s*>/i", "</$tag>",
$text);
        }
        # Replace HTML comments (&lt;!-- comment --&gt;) by <\1>
        $text = preg_replace("/<(\!\-\-.*?\-\-)>/i", "<\\1>", $text);
 }

 # html
 global $wgRawHtml;

...

# Extension
foreach ( $this->mTagHooks as $tag => $callback ) {
        $ext_content[$tag] = array();
# patch
if ($wgUseEditor) {
   $text = preg_replace("/<\s*$tag\s*>/i", "<$tag>", $text);
   $text = preg_replace("/<\s*\/\s*$tag\s*>/i", "</$tag>", $text);
}

$text = Parser::extractTagsAndParams( $tag, $text, $ext_content[$tag],
$ext_tags[$tag], $ext_params[$tag], $uniq_prefix );

...

}
```

Abändern der Datei **EditPage.php** (beinhaltet Code, welcher sich zur Hälfte auf das Editieren einer Seite, zur anderen auf die Benutzerschnittstelle bezieht)

- Funktion *editForm* (bewirkt bei Artikelvorschau oder auftretenden Bearbeitungskonflikten das Erscheinen des selben Editorfenster mit dem zuvor eingegebenen Text; nur beim endgültigen Speichern direkte Anzeige der neu-editierten Seite)

```php
function editForm( $formtype, $firsttime = false ) {
  global $wgOut, $wgUser;
  global $wgLang, $wgContLang, $wgParser, $wgTitle;
  global $wgAllowAnonymousMinor, $wgRequest;
  global $wgSpamRegex, $wgFilterCallback;

...

# Patch for FCKeditor
global $wgUseEditor, $eregi_result, $wgEditorToken;
if ( $wgUseEditor || ( isset($wgEditorToken) && eregi($wgEditorToken,
$this->textbox1, $eregi_result ) ) ) {
      $toolbar = '';
} elseif( $wgUser->getOption('showtoolbar') and !$isCssJsSubpage ) {
      # prepare toolbar for edit buttons
      $toolbar = $this->getEditToolbar();
} else {
      $toolbar = '';
}

...

# patch fckeditor
global $wgUseEditor, $wgEditorDir, $wgEditorToken, $wgEditorHeight,
$wgScriptPath;

$tbox = $wgContLang->recodeForEdit( $this->textbox1 );
if (($wgUseEditor or eregi($wgEditorToken, $tbox, $eregi_result )) and
$wgTitle->getNamespace() != 8 ) {
# Replace <(/)$tag> by &lt;(/)$tag&gt; so FCKEditor will parse the tags
right:
      $taglist = array("nowiki", "math", "pre", "gallery");
      foreach ($taglist as $tag) {
          $tbox = preg_replace("/<\s*$tag\s*>/i", "&lt;$tag&gt;", $tbox);
          $tbox = preg_replace("/<\/\s*$tag\s*>/i", "&lt;/$tag&gt;", $tbox);
                              }
$wgUseEditor = true;

require_once("QMH_tmp.php") ; // QMH-Eingabeformular

$wgOut->addHTML( "
{$toolbar}
<form id=\"editform\" name=\"editform\" method=\"post\" action=\"$action\"
enctype=\"multipart/form-data\">
{$commentsubject}");

          require_once("$wgEditorDir/fckeditor.php") ;

          $oFCKeditor = new FCKeditor('wpTextbox1') ;
          $oFCKeditor->BasePath  =$wgScriptPath."/".$wgEditorDir."/";

          if ( $wgTitle->isTalkPage() )
              $oFCKeditor->Value      = $tbox;
```

```
          elseif ($textbox1 == '' && $tbox == '')

              // QMH-Eingabeformular
              $oFCKeditor->Value = catchTQMForm()."<br>";
          else
              $oFCKeditor->Value       = $tbox;

              $oFCKeditor->ToolbarSet = 'MyToolbar' ;
              $oFCKeditor->Height      = $wgEditorHeight ;
              $oFCKeditor->Width       = '100%' ;

              $wgOut->addHTML( $oFCKeditor->CreateHtml() );

/*
<textarea tabindex='1' accesskey="," name="wpTextbox1" rows='{$rows}'
cols='{$cols}'{$ew}>
END
. htmlspecialchars( $wgContLang->recodeForEdit( $this->textbox1 ) ) .
"
</textarea>
*/

// E-Mail-Funktion --> Text mit Body und Subject via MailTo --> Outlook
$isPage= $wgTitle->getInternalURL();
$eMail1 = "Hiermit stelle ich Antrag auf Kontrolle/Freigabe des erstellten
TQM-Berichts <br>";
$eMail1 .="Mitan Sende ich die Handbuchverknüpfung zum Artikel: ";
$eMail2 = "Hallo, ich würde gern Ihren Rat hinzuziehen!<br>";
$eMail2 .="Hier ist auch der Link zum Bericht, welchen ich erstellt habe.";

$token = htmlspecialchars( $wgUser->editToken() );

                    $wgOut->addHTML( "
{$metadata}
<br />{$editsummary}
{$checkboxhtml}
<input tabindex='5' id='wpSave' type='submit' value=\"{$save}\"
name=\"wpSave\" accesskey=\"".wfMsg('accesskey-save')."\"".
" title=\"".wfMsg('tooltip-save')."\"/>

<input tabindex='6' id='wpPreview' type='submit' $liveOnclick
value=\"{$prev}\" name=\"wpPreview\" accesskey=\"".wfMsg('accesskey-
preview')."\"".
" title=\"".wfMsg('tooltip-preview')."\"/>

<input tabindex='7' id='wpDiff' type='submit' value=\"{$diff}\"
name=\"wpDiff\" accesskey=\"".wfMsg('accesskey-diff')."\"".
" title=\"".wfMsg('tooltip-diff')."\"/>
<br />

              } else

# end patch

...


}
```

Abändern der Datei *Sanitizer.php* (entfernt gefährliche Tags und Attribute sowie HTML-Kommentare)

- Funktion *removeHTMLtags*

```
function removeHTMLtags( $text, $processCallback = null, $args = array() ){
    global $wgUseTidy, $wgUserHtml;
    $fname = 'Parser::removeHTMLtags';
    wfProfileIn( $fname );

    if( $wgUserHtml ) {
        $htmlpairs = array( # Tags that must be closed
                    'b', 'del', 'i', 'ins', 'u', 'font', 'big', 'small',
    'sub', 'sup', 'h1', 'h2', 'h3', 'h4', 'h5', 'h6', 'cite', 'code', 'em',
    's', 'strike', 'strong', 'tt', 'var', 'div', 'center', 'blockquote', 'ol',
    'ul', 'dl', 'table', 'caption', 'pre', 'ruby', 'rt' , 'rb' , 'rp', 'p',
    'span'
        );
        $htmlsingle = array(
                    'br', 'hr', 'li', 'dt', 'dd'
        );
        $htmlsingleonly = array( # Elements that cannot have close tags
                    'br', 'hr'
        );
        $htmlnest = array( # Tags that can be nested--??
                    'table', 'tr', 'td', 'th', 'div', 'blockquote', 'ol',
    'ul', 'dl', 'font', 'big', 'small', 'sub', 'sup', 'span'
        );
        $tabletags = array( # Can only appear inside table
                    'td', 'th', 'tr' , 'tbody' # patch for fck editor
        );
    } else {
        $htmlpairs = array();
        $htmlsingle = array();
        $htmlnest = array();
        $tabletags = array();
    }

    ...

}
```

Folgende Zeilen ans Ende der Datei *LocalSettings.php* fügen

```
// Verwendung des FCKEditors (bei false Standard-Editor des Wikis)
$wgUseEditor         = true;
$wgEditorDir         = "../FCKeditor";
$wgEditorToken       = "__USE_EDITOR__";
$wgEditorToolbarSet  = "MyToolbar";
$wgEditorHeight      = "400";
require_once("extensions/Smiley.php");

$wgExtensionCredits['other'][] = array(
    "name" => "fckeditor extension",
    "author" => "Mafs",
    "version" => "fck-1.5.2",
    "url" => "http://meta.wikimedia.org/wiki/FCKeditor",
    "description" => "integrating the fckeditor"
);
```

D. Erweiterung des FCKEditors um das Signature-Plug-In

```
ï»¿/*
* Signature System with date
* wiki-syntax --~~~~~
* File fckplugin.js
*/

// Unter welchem Kommando soll die Funktion erreichbar sein
FCKCommands.RegisterCommand( 'Signature', new FCKDialogCommand( 'Signature',
FCKLang.SignatureDlgTitle, FCKPlugins.Items['Signature'].Path + 'fck_signature.html', 340,
200 ) ) ;

// Erstellen des "Signature" toolbar buttons
var oSignatureItem = new FCKToolbarButton( 'Signature', FCKLang.SignatureBtn ) ;
oSignatureItem.IconPath = FCKPlugins.Items['Signature'].Path + 'signature.gif' ;
FCKToolbarItems.RegisterItem( 'Signature', oSignatureItem ) ;

var FCKSignatures = new Object() ;

// Neue Signature einsetzen
FCKSignatures.Add = function( name ){
        var oSpan = FCK.CreateElement( 'SPAN' ) ;
        this.SetupSpan( oSpan, name ) ;
}

//einzufügender Text im HTML <-> Wiki style
FCKSignatures.SetupSpan = function( span, name ){
        span.innerHTML = '<span style="color: #000000; background-color: #00FF00";
        contenteditable="false">!! ' + name + ' !!</span>' + '--~~~~~ ' ;

        span.style.color = '#000000' ;
// wenn Gecko-Browser
        if ( FCKBrowserInfo.IsGecko )
                span.style.cursor = 'default' ;

        span._fckSignature = name ;
        span.contentEditable = false ;

        // Ereignis anpassen
        span.onresizestart = function(){
                FCK.EditorWindow.event.returnValue = false ;
                return false ;
        }
}
```

Für die Darstellung des Popup-Fenster JavaScript HTML Mix:

```
<!DOCTYPE HTML PUBLIC "-//W3C//DTD HTML 4.0 Transitional//EN">
<!--
 * Signature System with date
 * wiki-syntax --~~~~
 * File fck_signature.html
-->
<html>
        <head>
                <title>Signature</title>
                <meta http-equiv="Content-Type" content="text/html; charset=utf-8">
                <meta content="noindex, nofollow" name="robots">

                <script language="javascript">

var oEditor = window.parent.InnerDialogLoaded() ;
var FCKLang = oEditor.FCKLang ;
var FCKSignatures = oEditor.FCKSignatures ;

window.onload = function ()
{
        // Übersetzen der gesamten Dialogbox
        oEditor.FCKLanguageManager.TranslatePage( document ) ;

        LoadSelected() ;

        // Zeige OK button
        window.parent.SetOkButton( true ) ;
}

var eSelected = oEditor.FCKSelection.GetSelectedElement() ;

function LoadSelected()
{
        if ( !eSelected )
                return ;

        if ( eSelected.tagName == 'SPAN' && eSelected._fcksignature )
                document.getElementById('txtName').value = eSelected._fcksignature ;
        else
                eSelected == null ;
}
```

```
function Ok() {
//einfach Lösung der Abfrage, ob Radiobutton gesetzt oder nicht
 var isRadio = ' ';
 if(document.getElementById("radioName1").checked==true ){
  isRadio = 'Ersteller ist: ';
 } else if(document.getElementById("radioName2").checked==true ) {
  isRadio = 'Gepr&uuml;ft von: ';
 } else if(document.getElementById("radioName3").checked==true ) {
  isRadio = 'Freigabe durch: ';
 }

   var isText = document.getElementById('txtName').value;
      var sValue = isRadio +" "+ isText;

      if ( eSelected && eSelected._fcksignature == sValue )
           return true ;

      if ( sValue.length == 0 )
      {
           alert( FCKLang.SignatureErrNoName ) ;
           return false ;
      }

      FCKSignatures.Add( sValue ) ;
//    alert(sValue + " wird in Document eingesetzt!");

      return true ;
}
</script>
<!- -Rest ist nur HTML - ->
   </head>
      <body scroll="no" style="OVERFLOW: hidden">
            <table height="100%" cellSpacing="0" cellPadding="0" width="100%"
border="0">
               <tr>
                  <td>
                     <table cellSpacing="0" cellPadding="0" align="center"
border="0">
                        <tr>
                           <td>
                              <span
fckLang="SignatureDlgName">Name</span><br>

                              <input id="txtName"
type="text"><br>

                           </td>
                        </tr>
                        <tr>
                           <td>
```

```
                <input id="radioName1" type="radio" name="users"
fckLang="SignatureDlgEdit " value="Ersteller" checked>
                Ich habe ein Neues Dokument erstellt!

        </td>
                                        </tr>
            <tr>
            <td>
                <input id="radioName2" type="radio" name="users"
fckLang="SignatureDlgTest" value="Pr&uuml;fer">
                Ich bin Kontrolleur!
            </td>
            </tr>
            <tr>
            <td>
                <input id="radioName3" type="radio" name="users"
fckLang="SignatureDlgFree" value="Freigeber">
                Ich gebe frei!
            </td>
            </tr>
                                    </table>
                            </td>
                    </tr>
            </table>
        </body>
</html>
```

Um Multilanguage fähige Systeme zu schaffen, ist es wünschenswert Sprachfiles anzulegen, auf welche das System zurückgreift um sich die Beschreibung der Buttons oder deren Werte zu holen. Hier das Beispeil für ein Deutsches Language-File. Der Variable wird ein String zugewiesen

```
ï»¿/*
 * Signature System with date
 * wiki-syntax --~~~~~
 * File de.js
 */
FCKLang.SignatureBtn            = 'Einf&uuml;gen/ Bearbeiten einer Unterschrift' ;
FCKLang.SignatureDlgTitle       = 'Signatur Eigenschaften' ;
FCKLang.SignatureDlgEdit        = 'Ich habe ein Neues Dokument erstellt!';
FCKLang.SignatureDlgTest        = 'Ich bin Kontrolleur!';
FCKLang.SignatureDlgFree        = 'Ich gebe frei!';
FCKLang.SignatureDlgName        = 'Unterschrift' ;
FCKLang.SignatureErrNoName      = 'Bitte Ihren Namen angeben' ;
FCKLang.SignatureErrNameInUse  = 'Der angegebene Name ist schon in Gebrauch' ;
```

E. Auszug aus dem Stylesheet *main.css*

```
/*
** Mediawiki 'monobook' style sheet for CSS2-capable browsers.
** License: GPL
*/
html, { width: 100%; margin: 0; padding: 0; }
#column-content {
    width: 100%;
    float: right;
    margin: 0 0 10px -190px;
    padding: 5px 15px 18px 30px;
    background: none;
}
#content {
    margin: 60px 0 0 175px;
    padding: 0em 1em 1.5em 1em;
    background: #FEFFEA;
    border: 3px double black;
    line-height: 1.5em;
    /* position: relative; */
    z-index: 0;
}
#content a {
    text-decoration: none;
    color: #339966;
    border: none;
    padding: 3px 10px;
    margin: 0;
    background: none;
}
#content a:visited {
    color: #20CC3E;
}
#content a:active {
    color: #FF0000;
}
#content a:hover {
    color: #C4C4C4;
    text-decoration: underline;
}
#column-one { padding: 165px 0 0 0; height: 1px; }
/* the left column width is specified in class .portlet */
body {
    font: x-small sans-serif;
    background-image: url(hintergrund.gif);
    background-position: center center;
    color: black;
    margin: 0;
    padding: 10px;
}
/* scale back up to a sane default */
#globalWrapper {
    font-size:127%;
    width: 100%;
    margin: 0;
    padding: 0;
}
.visualClear { clear: both; }
```

```css
/* general styles */
table {
    font-size: 100%;
    background: transparent;
}
a {
    text-decoration: underline;
    color: #00FF00;
    background: transparent;
}
a:visited { color: #25C239; }
a:active { color: #FF0000; }
a:hover { color: #C4C4C4; text-decoration: none; }
a.stub { color: #606; }
a.new,
#p-personal a.new { color: #C60000; }
a.new:visited,
#p-personal a.new:visited { color: #C60000; }
img {
    border: 0;
    padding: 0;
    margin: 0;
    vertical-align: middle;
}
p {
    margin: 0.4em 0em 0.5em 0em;
    line-height: 1.5em;
}
p img { margin: 0; }
hr {
    height: 2px;
    color: #0B510D;
    background-color: #aaa;
    border: 0;
    margin: 0.2em 0 0.2em 0;
}
h1, h2, h3, h4, h5, h6 {
    color: black;
    background: transparent;
    font-weight: bold;
    margin: 0;
    padding-top: 0.5em;
    padding-bottom: 0.17em;
    border-bottom: 1px solid #aaa;
}
h1 { font-size: 188%; }
h2 { font-size: 150%; }
h3, h4, h5, h6 {
    border-bottom: none;
    font-weight: bold;
}
h3 { font-size: 132%; }
h4 { font-size: 116%; }
h5 { font-size: 100%; }
h6 { font-size: 80%;   }
ul {
    line-height: 1.5em;
    list-style-type: circle;
    margin: 0.3em 0 0 1.5em;
    padding:0;
    list-style-image: url("dot.gif");
}
```

F. Glossar

CMS Ein Content-Management-System ist eine Software zur Verwaltung des Inhalts einer Website oder auch von anderen Informationsangeboten[...]. Dabei gilt das Grundprinzip der Trennung von Design und Inhalt. CMS benutzen dabei zusätzlich die Mechanismen des Dokumenten-Managements.

CSS Cascading Style Sheets ist eine deklarative Stylesheet-Sprache für strukturierte Dokumente (z.b. HTML und XML). Durch die Trennung von Stil und Inhalt wird das Veröffentlichen und Betreuen von Dokumenten wesentlich vereinfacht. CSS wurde vor allem im Hinblick auf HTML entwickelt, ist aber auch für XML-Dokumente anwendbar.

Dokumente Dokumente werden im Intranet-System alle Dateien im Fremdformat (Word, Excel, StarOffice, Flash, usw.) genannt. Dies kann somit auch Multimedia-Dateien und Bilder betreffen.

GDLib gd ist eine Grafik-Bibliothek, die einem erlaubt, auf schnellem Wege Grafiken im Format JPEG und PNG zu erzeugen. Mit gd kann man Linien und Flächen zeichnen sowie Text und bestehende Bilder in Grafiken einbinden.

ImageMagick ImageMagick ist eine Open Source Software und kann momentan mehr als 90 der größtenteils verwendeten Bildformate lesen, verändern und schreiben. Außerdem lassen sich Bilder dynamisch generieren.

Intranet Ein Intranet ist ein Rechnernetzwerk, das auf den gleichen Techniken wie das Internet (TCP/IP, HTTP, HTML) basiert, jedoch nur von einer festgelegten Gruppe von Mitgliedern einer Organisation genutzt werden kann. In Firmen können so z.B. die Mitarbeiten direkt miteinander kommunizieren und Daten austauschen, ohne das Interna nach außen dringen.

KTQ Die KTQ (*Kooperation für Transparenz und Qualität im Gesundheitswesen*) ist ein wichtiger Anbieter von Qualitätsmanagement-Darlegungssystemen für Einrichtungen des Gesundheitswesens in Deutschland. Dabei wird die Abkürzung KTQ sowohl für die *KTQ-GmbH* selbst, als auch für das von ihr vertretene *KTQ-Verfahren* verwandt. 'KTQ' ist ein eingetragenes Warenzeichen.

Open-Source Der Ausdruck Open Source steht für quelloffen, einerseits in dem Sinne, dass der Quelltext eines Programms frei erhältlich ist, andererseits für „offene Quelle", also dass ein Werk frei zur Verfügung steht. Software gilt als Open Source, wenn sie bestimmte Kriterien erfüllt, die in ihrer Open Source-Lizenz geregelt sind.

Plug-In (von engl. *to plug in* = „einstöpseln, anschließen") oder Ergänzungs- oder Zusatzmodul ist eine gängige Bezeichnung für ein Computerprogramm, das in ein anderes Softwareprodukt "eingeklinkt" wird.

Skin eine Einstellungsdatei für Computerprogramme, die das Aussehen der Bedienungsoberfläche (GUI) festlegt

Symbolischer Link Ein symbolischer Link, auch Symlink genannt, ist eine Verknüpfung in einem Dateisystem (Datei oder Verzeichnis), die auf eine andere Datei oder ein anderes Verzeichnis verweist. Es ist also lediglich eine Referenz und kein richtiges Element.

Template Templates (der englische Begriff für *Schablonen*), sind Vorlagen, die mit Inhalt gefüllt werden können.

Toter Link Als Toter, Kaputter oder Dead Link wird ein Hyperlink im World Wide Web bezeichnet, der auf eine nicht (mehr) vorhandene Ressource (zum Beispiel eine Webseite oder Datei) zeigt. Mögliche Gründe sind u.a.: Die Datei ist verschoben, umbenannt oder gelöscht worden; der Link auf der Ursprungsseite ist fehlerhaft angegeben.

TQM Umfassendes Qualitätsmanagement oder auch Total Quality Management (TQM) bezeichnet die durchgängige, fortwährende und alle Bereiche einer Organisation (Krankenhaus, Unternehmen, Institution, etc.) erfassende aufzeichnende, sichtende, organisierende und kontrollierende Tätigkeit, die dazu dient, Qualität als Systemziel einzuführen und dauerhaft zu garantieren. TQM benötigt die volle Unterstützung aller Mitarbeiter um zum Erfolg zu führen.

TYPO3 TYPO3 ist ein Open-Source-Content-Management-System auf der Basis von PHP und MySQL. Es steht unter der GPL und ist frei erhältlich. Der Programmierer und geistige Vater von TYPO3 ist der Däne Kasper Skårhøj.

Wiki Wikis, auch WikiWikis und WikiWebs genannt, sind im World Wide Web verfügbare Seitensammlungen, die von den Benutzern nicht nur gelesen, sondern auch online geändert werden. Sie ähneln damit Content Management Systemen. Der Name stammt von wikiwiki, dem hawaiianischen Wort für "schnell". Wie bei Hypertexten üblich, sind die einzelnen Seiten und Artikel eines Wikis durch Querverweise (Links) miteinander verbunden. Die Seiten lassen sich jedoch sofort am Bildschirm ändern.